LE
CARDINAL PIE

Discours prononcé à la Distribution des Prix du Petit Séminaire

DE BORDEAUX

PAR

M. l'Abbé O. DELARC

Professeur de Rhétorique

DÉDIÉ A M. L.

PRIX 30 CENTIMES

LE

CARDINAL PIE

Discours prononcé à la Distribution des Prix du Petit-Séminaire

DE BORDEAUX

PAR

M. l'Abbé O. DELARC

Professeur de Rhétorique

DÉDIÉ A M. L.

PRIX: 30 CENTIMES

BORDEAUX
IMPRIMERIE ADRIEN BOUSSIN
18 et 20, rue Gouvion, 18 et 20

1881

LE
CARDINAL PIE

Discours prononcé à la Distribution des Prix du Petit-Séminaire

DE BORDEAUX

PAR

M. l'Abbé O. DELARC

Professeur de Rhétorique.

ÉMINENCE (1), MESSIEURS,

L'an dernier, à peu près à pareille époque, l'Aquitaine entière était en deuil : elle venait de perdre le plus grand des successeurs d'Hilaire. Nous partagions nous-même à un trop haut degré la pieuse douleur de tant d'Églises désolées, pour ne pas avoir songé à payer, selon nos modestes forces, au vaillant pontife qui venait de s'éteindre, le juste tribut de regrets et de louanges dont il était si digne. Mais le temps nous manqua pour mener à bien notre projet ; il nous aurait été en effet impossible de rassembler assez tôt les matériaux nécessaires. Nous avons dû attendre une année entière ; mais comme cette attente nous a été pénible, et comme il nous tardait qu'elle prît fin ! Nous venons donc aujourd'hui, Messieurs, satisfaire au besoin de notre cœur, et permettez-nous de vous le dire, vous ne nous démentirez pas, au besoin aussi du vôtre, en essayant de faire revivre à vos yeux, dans les traits principaux qui l'ont caractérisée, cette grande figure épiscopale du XIXe siècle dont le souvenir remplit encore toutes les âmes, comme il remplira toute notre époque. Éminence, nous le savons, en évoquant devant vous une mémoire si chère, nous allons raviver une tristesse que le temps ne saurait étein-

---

(1) S. E. le cardinal Donnet, archevêque de Bordeaux.

dre. Vous daignâtes être l'ami de celui que nous pleurons, de son côté il se glorifiait de vous nommer non-seulement son métropolitain, mais son ami, son conseil et son père, et on ne peut lire ses œuvres sans y rencontrer presque à chaque page les plus touchants témoignages de l'admiration et de la tendresse qu'il professait pour votre auguste personne. Mais que votre cœur se rassure, nous ne parlons de sa mort que pour parler de sa gloire, et sa gloire, quelque grande qu'elle ait été, n'est qu'une partie de la vôtre, puisque si souvent vous fûtes le confident de ses pensées, l'inspirateur de ses œuvres, le sujet même de ses plus éloquents discours, le compagnon valeureux de ses travaux et de ses luttes, en un mot comme l'âme de cette noble vie. C'est pour cela, Éminence, que trompant un moment vos regrets, vous n'écouterez pas sans quelque bienveillance, nous l'espérons, une biographie du glorieux et regretté cardinal Pie, évêque de Poitiers.

Louis-François-Désiré-Edouard Pie naquit à Pontgouin, au diocèse de Chartres, le 26 septembre 1815. Le bruit des armes expirait à peine dans notre infortunée patrie, qui venait de succomber une deuxième fois sous les forces coalisées de l'Europe ; les troupes prussiennes occupaient tout le pays Chartrain. L'invasion et les difficultés de toute nature qu'elle entraînait à sa suite expliquent le retard apporté au baptême de l'enfant qui ne put être célébré que le dimanche 1er octobre, jour où la Sainte-Eglise rend tous les ans grâces à Dieu pour sa victoire de Lépante. Salué autour de son berceau par les derniers murmures de vingt ans de batailles et de gloire, et aux pieds des autels par des souvenirs et des acclamations de triomphe, le vaillant athlète de nos grandes luttes modernes pouvait-il naître à la vie de la nature et à celle de la grâce sous de plus prophétiques auspices ?

Son enfance, d'une complexion extrêmement délicate, mais où se révélait déjà une intelligence d'élite, fut élevée avec le plus grand soin, selon les ressources bien modestes de la famille, par une mère admirable à laquelle il voua depuis un véritable culte. La vivacité de son esprit et sa tendre piété frappèrent de bonne heure le curé de Pontgouin qui l'admit avec empressement au nombre de ceux qui servaient à l'autel. Voilà Edouard entré dans l'Eglise, il n'en sortira plus, et cette Eglise il l'aima comme il aima sa mère.

« Quel est ce petit ? demandait un ecclésiastique de pas-
» sage à Pontgouin, jamais personne ne m'a servi ainsi la
» messe, ce n'est pas un enfant ordinaire. » Il ne se trompait pas, et le petit ayant paru tout aussi extraordinaire à l'école qu'à l'église, l'instituteur ne tarda pas à déclarer qu'il n'avait plus rien à lui apprendre. Le curé de Pontgouin vint alors trouver la mère et lui proposa d'acheter un certain

nombre de livres. « A quelle fin, dit-elle ? » — « A cette fin, répondit le prêtre, de faire sérieusement étudier votre fils et de le préparer au sacerdoce. » La mère hésitait : des cinq enfants que le bon curé avait envoyés au séminaire pas un n'avait abouti, et l'épithète de « curés manqués » infligée aux ex-séminaristes par des camarades sans pitié alarmait pour Edouard, on le comprend sans peine, la tendresse maternelle. Le curé insista, mais la mère discutait toujours ; enfin poussé à bout : « J'ai mes raisons, conclut le pasteur, et s'il faut tout vous dire, un jour qu'Edouard me servait la messe, j'ai compris, de manière à n'en pouvoir douter, que Dieu avait sur lui des desseins très particuliers. » La mère effrayée, mais au fond heureuse, acheta les livres, et le bon curé prit l'enfant avec lui pour l'initier à des études plus sérieuses. Or, Edouard, au bout de quelques temps, n'ayant pas paru moins extraordinaire au presbytère qu'à l'église et à l'école, il fallut avoir recours aux grands moyens, et le jeune étudiant fut envoyé à Chartres dans une excellente pension laïque, d'où après deux ou trois ans d'étude il passa au petit séminaire du diocèse. Malgré la faiblesse persistante de son tempérament, il s'y acquit dès le début une supériorité qu'admiraient ses condisciples, mais qu'ils lui firent expier, paraît-il, par d'agaçantes railleries. « Edouard, lui disait-on, tu as trop d'esprit pour te faire prêtre. » — « Je ne sais pas, si j'ai trop d'esprit, répondait-il, mais je sais bien que si Dieu m'en a donné, c'est pour lui. » Cependant la gloire naissante du jeune Pie rayonnait déjà dans la ville de Chartres tout entière, et plusieurs établissements universitaires jaloux de le posséder essayèrent de le séduire par les avances les plus flatteuses : « Les sots, s'écriait l'admirable adolescent, ah ! que nous sommes heureux de pouvoir citer devant vous ces belles paroles, élèves du sanctuaire ! les sots, ils ne comprennent pas que si Dieu m'a donné quelques aptitudes, il me les retirerait dès que je changerais de route. »

Distingué de bonne heure par l'œil pénétrant de Mgr Clauzel de Montals, évêque de Chartres, Edouard fut envoyé, grâce à sa sollicitude, au grand séminaire de St-Sulpice, où, à la suite des études les plus brillantes, il fut ordonné prêtre le samedi de la Trinité de l'an 1839. De retour à Chartres, il eut d'abord à décliner les fonctions de vicaire-général que lui offrit son évêque, et nommé vicaire à la cathédrale il y exerça durant cinq années, sous la direction du vénérable abbé Lecomte, son curé, un ministère dont le souvenir vivra longtemps dans cette ville. Le voilà vôtre, ô Sainte-Dame de Chartres, « *Tuus sum ego* « ([1]), comme il vous le jurera bientôt lui-même en revêtant les livrées de l'épiscopat et au

---

(1) Voir les armes du Cardinal Pie.

moment de quitter votre bien-aimé sanctuaire, vôtre a jamais !

Ah ! ces années fécondes de sa jeunesse sacerdotale écoulées à l'ombre de votre glorieuse et douce image, votre enfant devenu pontife ne les oubliera pas, témoin quand il fallut s'arracher de vos bras les déchirements de son âme, l'émotion pénétrante de ses adieux, la solennité de son serment. « Partout je serai à vous, s'écriera-t-il, ô Sainte-Dame de Chartres, ô Marie, partout je vous appartiendrai « *tuus sum ego*. » Avant de m'éloigner j'ai voulu qu'une lampe de plus fût désormais allumée devant votre image, elle y veillera aussi longtemps que je vivrai sur la terre, elle vous dira nuit et jour mon tendre amour pour vous et ne s'éteindra qu'avec mon dernier souffle. » (¹) Et arrivé à Poitiers, pour qui sera sa première visite ? Pour vous, ô Notre-Dame-la-Grande, vous l'entendrez redire à vos genoux son « *tuus sum ego*, » et il se montrera dans la suite si bien vôtre, que toutes les fois qu'il s'éloignera de sa ville épiscopale ou qu'il y rentrera après la plus courte absence, plus pressé par le besoin de son cœur que par la foi jurée, il viendra s'agenouiller comme un enfant aux pieds de votre statue miraculeuse ! (²)

On aime singulièrement dans notre siècle à fouiller ce qu'on appelle les origines des grands hommes et à surprendre dans leur passé le germe ou l'explication des grandeurs de l'avenir. Ce triple amour, mieux, cette triple passion que nous venons de signaler, le culte d'une mère, le culte de la Sainte-Eglise, le culte de la Sainte-Vierge, ces autres mères, voilà tout ce qu'après avoir bien cherché nous avons rencontré dans les commencements du cardinal Pie. Et c'est peut-être pour avoir bu à longs traits à cette triple source qu'une nature aussi puissante nous apparaîtra pourtant pénétrée d'une si exquise douceur, pour cette raison aussi que sous cette chevelure de feu, derrière ce regard profond et ardent, sous une aussi majestueuse attitude faite pour commander et pour combattre, à côté d'une intelligence aux allures arrêtées et impérieuses, nous saluerons, ravis, le génie même de la sensibilité et de la délicatesse. Le paganisme s'imaginait que l'âme de ses poètes avait été formée par la main des grâces. Et nous aussi, avant de poser sur un front si beau la couronne épiscopale, nous nous sommes complu à y contempler un instant la triple auréole de ces affections maternelles dont le doux éclat va se projeter sur une vie tout entière et dont la mystérieuse influence, travaillant à sa manière cette gracieuse et fertile jeunesse,

---

(1) Discours d'adieu prononcé le 2 décembre 1849 à Chartres, tome I, p. 127.
(2) Voir Eugène Veuillot, biographie de l'évêque de Poitiers, p 119.

l'ensemençant à l'envi de tant de passions fortes ou suaves, prépare déjà la moisson que nous allons voir s'épanouir en une maturité aussi pleine de charme que de grandeur. Mais n'anticipons pas. L'évêque de Chartres qui désirait vivement attirer auprès de sa personne un sujet aussi accompli, et qui l'aimait beaucoup du reste, renouvela ses instance avec tant de force que l'abbé Pie dut céder aux sommations d'une si opiniâtre tendresse. L'abbé Lecomte en fut très attristé, et comme on cherchait à le consoler en lui disant que le titre de vicaire-général rattachait plus que jamais son cher collaborateur à la cathédrale et à la ville : « Oui, pour quatre ou cinq ans, répondit-il, mais vous verrez qu'ensuite on nous l'enlèvera pour en faire un évêque. » Il était prophète : cinq ans après, jour pour jour, l'abbé Pie était appelé par décret de M. de Falloux, ministre des cultes, au siége de Saint-Hilaire. Tournées pastorales avec l'évêque, prédications, études assidues à la bibliothèque de Chartres voisine du palais épiscopal, telles furent les occupations qui remplirent ces cinq années que dura son administration. C'est à cette période qu'il faut rapporter aussi l'admirable panégyrique de Jeanne d'Arc et celui non moins admirable de saint Louis où on peut voir se dessiner déjà la sévère orthodoxie qui rendra si célèbres les synodales, nous allions dire les premiers linéaments du plan doctrinal qui sera désormais la loi invariable de cette haute intelligence. « Saint Louis, dit l'abbé Pie, prit au sérieux, il accepta sans réserve l'Evangile de J.-C. tout entier, assuré que la vérité, venue du Ciel et enseignée par la bouche d'un Dieu, devait servir de règle à l'homme public aussi bien qu'à l'homme privé, et que la sagesse même politique ne pouvait mieux se rencontrer nulle part que dans le livre de la divine sagesse à laquelle elle ne pouvait jamais être opposée. » [1] Le jeune vicaire-général se livrait paisiblement à ces différentes fonctions, lorsque le 23 mai 1849 il reçut comme un coup de foudre sa nomination à l'évêché de Poitiers. Surpris autant que troublé, il se décida d'abord à refuser ; il en avait, disait-il, tant de motifs : son affection pour son vieil évêque, pour la ville de Chartres, sa santé toujours chancelante, son extrême jeunesse enfin. Cette dernière raison surtout lui semblait grave, mais comme il l'alléguait à son évêque : « Que dites-vous, Monsieur, lui répondit-il (c'était sa manière d'appeler ainsi même ses plus chers amis), vous avez trente-trois ans, c'est l'âge où les grands hommes finissent, il me semble que vous y pouvez bien commencer. » Cependant l'abbé Pie hésitait encore, il fit même attendre sa réponse deux ou

---

[1] Panégyrique de saint Louis prononcé dans la cathédrale de Blois le 29 août 1847, tome I, p. 54.

trois jours, enfin grâce sans doute à l'intervention toute puissante de saint Hilaire, il se résigna. Dieu soit loué, l'Eglise de France va compter un grand évêque de plus.

Le nouvel élu prit possession de son siége, en décembre 1849. Les temps étaient orageux, la société française profondément ébranlée chancelait sur ses bases. Justement effrayés, un grand nombre d'hommes d'ordre appelaient à leur secours les doctrines sociales de l'Evangile ; mais au lieu de les accepter dans leur intégrité, ils avaient imaginé entre elles et leurs propres principes un système de transaction dogmatique également repoussé par la logique et par l'Eglise. C'est en s'adressant à ces esprits égarés que le jeune évêque, dans son premier mandement, un des plus beaux qu'il ait jamais écrit, accentue fièrement, comme juge de la foi, les déclarations contenues dans le panégyrique de saint Louis. Il sera doux et traitable pour les hommes et pour leurs fautes, tolérant pour les défaillances et les infirmités des sociétés humaines, il sait que l'Eglise signe des concordats, et il adjure saint Hilaire de lui enseigner aussi bien « les temporisations de la charité que les hardiesses de la résistance. » (¹) Mais lorsqu'il s'agira de la pure doctrine, il sera l'intolérance même.

« Rien ne sera fait, s'écrie-t-il dans un superbe langage, tant que Dieu ne sera pas replacé au-dessus de toutes les choses humaines, tant que son droit ne sera pas solennellement reconnu et respecté d'une façon sérieuse et pratique. On parle d'un grand parti de l'ordre et de la conciliation : Un seul parti pourra sauver le monde, le parti de Dieu. Il n'y a de salut que là... abjurer nos rêves d'indépendance à l'égard de l'Etre souverain et nous soumettre à lui, relever parmi les hommes le drapeau du prince de la milice céleste, avec sa devise : « Qui est comme Dieu ? *Quis ut Deus ?* » La conciliation ! Eh ! oui, sans doute, mais nous avons plus et mieux à faire que de rapprocher les hommes entre eux ; le grand rapprochement à opérer c'est de réconcilier la terre avec le ciel. Qu'on ne s'y méprenne pas, la question qui s'agite et qui agite le monde n'est pas de l'homme à l'homme, elle est de l'homme à Dieu..... N'espérons point par de secrètes capitulations ressaisir ce que le ciel lui-même nous refuse. Le règne des expédients est fini, il faut que le règne des principes commence. » (²)

Le vaillant champion a ceint le casque, il est entré en lice avec quelle décision, on vient de le voir ; il faut raconter à présent les grands combats qu'il a eu à soutenir. (³)

---

(1) Lettre pastorale à l'occasion de sa prise de possession, t, I, p. 113.
(2) Ibidem, p. 101, 102.
(3) Pour les détails biographiques que nous avons donnés, consulter :

Comme il ne s'est jamais jeté dans la mêlée sans avoir reçu, ainsi qu'il nous le dira bien naïvement lui-même, « le mot d'ordre », « la consigne » du chef de l'Eglise militante, et qu'il a été toujours des premiers au champ d'honneur, c'est dans les trois grandes batailles que la Papauté a livrées depuis bientôt un demi-siècle et dont nous allons brièvement retracer le tableau, qu'il convient, pour le bien juger, de le voir à l'œuvre. Envisagée sous cet aspect, c'est-à-dire dans ses relations intimes et incessantes avec le centre de la vie catholique, la physionomie que nous étudions va se présenter à nous comme dominée, au sein d'agitations et de labeurs sans nombre, par une parfaite unité doctrinale et une non moins parfaite unité d'action. Aussi bien étroitement associée comme elle le fut aux prospérités et aux infortunes du grand pontife dont elle est désormais inséparable, cette vie, déjà si noble et si attrayante par elle-même, n'a-t-elle pas droit encore à être associée à d'aussi chers souvenirs et à s'illuminer un peu de tant de gloire ?

Depuis cinquante ans environ l'Eglise romaine a dû concentrer toutes les divines énergies dont l'a douée son Fondateur contre trois grands ennemis : le naturalisme rationnel, le naturalisme social ou politique, et les doctrines hostiles au maintien de son pouvoir temporel. Lorsque le pontife qui porta si vaillamment le fardeau de tant de luttes monta sur le trône, les deux nations les plus cultivées de l'Occident catholique, l'Allemagne et la France, étaient désolées, surtout dans les hautes régions de l'intelligence et du savoir, par une recrusdescence de doctrines naturalistes. Qu'elle se rattachât au Kantisme ou aux différentes fractions de l'école Hégélienne, la philosophie indépendante régnait presque en souveraine dans les universités allemandes, et, de là, comme à l'abri de puissantes citadelles, elle attaquait, avec une logique froide mais implacable, la révélation chrétienne. D'autre part, transplantée d'Ecosse en France, la variété de rationalisme très-habilement acclimatée chez nous, grâce à Royer-Collard, à Victor Cousin et à leur brillante pléiade, sous le nom de philosophie éclectique, essayait de séduire les esprits par des formes plus onctueuses, plus conciliantes ; au fond pourtant le principe était le même et le danger plus grand peut-être. Ce fut la première phase de la lutte. Mais tandis qu'en Allemagne la philosophie séparée, fille de la réforme et tout imprégnée de ce génie germanique naturellement plus porté à la spéculation vague qu'à la pratique, allait se perdre, sans de bien grandes commotions sociales, d'un côté

1º Monseigneur Pie, évêque de Poitiers, par Eugène Veuillot ; 2º Actes et Histoire du Concile œcuménique de Rome, biographie de l'évêque de Poitiers, t. VI *bis*, in-folio (Abel Pilon, éditeur, Paris).

dans le rationalisme théologique de Günther et de Frohschammer, de l'autre dans le nihilisme de Feuerlach ou dans le bouddhisme rajeuni « nirvanâ » de Schopenhauer [1], le philosophisme français, né de la révolution, et fortement pénétré de ce génie latin qui ne tire des conséquences que pour les appliquer, des nuages de la théorie était promptement descendu dans les mille champs d'action qui s'ouvraient à son prosélytisme, dans le roman, le pamphlet, la presse, les assemblées parlementaires, et ne prétendait à rien moins qu'à faire prévaloir par la force les principes qu'il avait, prétendait-il, établis par la persuasion. L'idée chrétienne avait été évincée de la vie intellectuelle, il fallait l'évincer de la vie sociale. En d'autres termes, et pour se servir de l'expression consacrée, on avait sécularisé la raison, le moment était venu de séculariser la société. La lutte s'aggrave, elle est à sa deuxième phase. Non moins expansif que pratique, le génie français s'est toujours senti à l'étroit entre le Rhin, les Pyrénées et les Alpes. Malheureusement pour l'Eglise, cette fois-ci, en descendant les Alpes, le naturalisme social rencontra des complices dans les aspirations unitaires de l'Italie, et dès lors la question du pouvoir temporel fermenta dans les esprits avant d'éclater dans le domaine politique. C'était logique. Car si l'idée surnaturelle doit être irrévocablement chassée des institutions sociales, pourquoi respecter dans le pontife romain, la plus haute personnification de cette idée, un principat civil dont l'existence était un défi aux prétentions de la philosophie victorieuse ? Ici le conflit prend des proportions telles qu'il va embraser l'Europe entière. Avec quelle grandeur d'âme le pontife qui tenait alors le gouvernail de la barque de Pierre affronta cette triple tempête, il serait impossible de le décrire. L'univers étonné crut voir revivre l'âge héroïque des grandes querelles du moyen-âge. Et pourtant, malgré tant d'efforts, il est pénible de l'avouer, la cause de la vérité fut partout vaincue, si du moins il est permis de parler de défaites lorsqu'il s'agit d'une cause immortelle. Quoi qu'il en soit, le naturalisme rationnel se dressa plus menaçant que jamais sous le nom de positivisme ; le naturalisme social, non content de s'infiltrer de plus en plus dans les codes et dans les mœurs, s'affubla du masque hideux du socialisme ; enfin la chute de la royauté temporelle du Saint-Siége consomma le désastre. Et pourtant c'est alors que vous parûtes plus grand que jamais, héroïque vaincu, lorsque descendu de ce trône, sous les débris duquel on avait follement cru vous écraser, vous vous trouvâtes assez haut

---

(1) Voir J. Philippi, Histoire de la littérature allemande (Théologie et Philosophie, p. 311.)

encore pour demeurer roi, et quel roi ! le premier du monde, lorsque dépouillé d'un diadème, mais couronné par l'affection désolée de tant de millions de cœurs fidèles, toujours debout au moment même ou tous les trônes tremblaient de la chute du vôtre, le jour de Dieu venu, vous vîtes s'amonceler à vos pieds, avec quelle douleur, mais aussi avec quelle majestueuse sérénité ! tant de catastrophes, conséquences providentielles des erreurs et des crimes que vous aviez vainement essayé de conjurer et dont on peut bien dire avec le poète : « *animus meminisse horret luctuque refugit* » ! (¹). Faut-il les rappeler en effet ? Faut-il rappeler, ô douleur! qu'au moment même où la France livrait Rome à l'Italie, Dieu livrait la France à la Prusse? Faut-il rappeller ces jours des divines représailles où vous vîtes Pilate tomber dans la boue et le sang ; la cité complice sur le point de s'abîmer dans les flammes ; et peu après Astolphe foudroyé à deux pas de ce Vatican devenu aussi terrible que le Sinaï ; l'Italie, cette Italie gorgée de victoires honteuses, dévorée de plus en plus par la gangrène révolutionnaire ; l'Allemagne enfin, cette puissante Allemagne où on avait tant peur du glaive de Pierre, obligée de se défendre avec effroi contre ce glaive bien autrement redoutable du socialisme, dont la pointe est partout et la poignée nulle part ? Certes vous parûtes bien grand alors, mais vous ne parûtes pas moins beau que grand, alors que survivant à tant de ruines, au sein de la désolation générale, vous élevâtes la voix, cette voix qui allait bientôt s'éteindre, pour prononcer de nouveaux anathèmes? non, pour pardonner, consoler et bénir! Endormez-vous maintenant dans la paix et dans l'honneur, immortel pontife, car si on a pu dire de vous avec raison que vous fûtes « le dernier homme et le dernier roi de l'époque » (²), l'équitable histoire à son tour, au spectacle de vos longs combats, de votre héroïsme et de vos malheurs, n'hésitera pas, nous en avons la certitude, à vous ranger à côté de Grégoire VII et d'Innocent III.

Nous sommes au cœur de notre sujet, car avoir déroulé l'épopée douloureuse des combats et des souffrances de la Papauté durant la période qui nous occupe, c'est avoir peint déjà dans ses grandes lignes la vie militante de notre glorieux évêque. N'est-ce point en effet exclusivement avec la Papauté et pour la Papauté qu'il a travaillé, qu'il a com-

---

(1) Virgile, livre II, v. 12.
(2) Voir : Vingt-cinq ans d'épiscopat par le R. P. Longhaye. Ce remarquable article publié d'abord dans « *Les études religieuses* » a été inséré dans les œuvres complètes au t. VIII. Le mot est du père Longhaye, mais il ne fait que résumer un paragraphe de la « Lettre pastorale donnant communication de l'allocution adressée par le St-Père au sacré collège. » T. VII, p. 480-481.

battu, qu'il a souffert ? Un jour peut-être, lorsque les nations chrétiennes de l'Europe, après des convulsions séculaires, qui sait ? après de nouvelles invasions de barbares (et certes elle serait longue la liste des peuples qui ont été replongés dans la barbarie pour avoir manqué de respect à la vérité surnaturelle), lorsque ces nations, disons-nous, auront appris à leurs dépens ce que deviennent les bases naturelles de l'ordre social quand le sang du Christ ne les cimente plus, et qu'elles viendront chercher dans l'histoire des égarements du passé des leçons de sagesse pour l'avenir, elles s'arrêteront sans doute pénétrées d'admiration devant la magistrale figure du Pontife qui se dépensa tout entier pour enrayer leur décadence, mais parmi tant d'autres, elles salueront aussi avec amour celle de l'héroïque apôtre qui prêta à Pierre, pour ce grand œuvre, le concours de toute son âme et de tout son génie, et dès lors dans ce concert unanime de vénération pieuse et d'acclamations passionnées qui s'appelle la gloire, elles ne sépareront plus Pie, évêque de Poitiers, de Pie, évêque de Rome.

Nous connaissons maintenant l'ennemi et le triple champ de bataille sur lequel il faudra le combattre, il est temps avec notre vaillant champion de nous précipiter dans l'arène. C'est d'abord avec le naturalisme rationnel que nous allons le voir aux prises. Au reste, le Chef suprême, en dénonçant à la vigilance de l'épiscopat, dans son allocution consistoriale du 9 décembre 1854, les aberrations « d'une philosophie jalouse d'égaler ses titres à ceux de la religion » (¹) avait, par le fait, donné un signal que l'évêque de Poitiers ne tarda jamais à comprendre. Cette philosophie superbe, nous l'avons dit, on l'appelait pour le moment en France éclectisme, et bien que son plus illustre représentant, Victor Cousin, esprit hardi dans la recherche, mais prompt à s'effrayer des conséquences extrêmes de ses propres principes, poussé à bout du reste par les apologistes de la philosophie chrétienne, eût senti le besoin, dans les plus récentes éditions de quelques-uns de ses ouvrages, de retoucher bon nombre d'assertions à son point de vue un peu trop téméraires, en entremêlant ses rectifications d'appels touchants à la concorde, et en répétant sur tous les tons que la religion et la philosophie devraient vivre en paix, puisqu'elles ont un but identique, mener l'homme à sa destinée, but qu'elles peuvent d'ailleurs toutes deux également atteindre (²), l'évêque de Poitiers, qui raillera si finement plus tard toutes ces pro-

---

(1) Voir le texte de cette allocution.
(2) Cousin : Premiers essais de Philosophie, 3e édition, 1855. Comparer, pour se rendre compte des remaniements, avec les précédentes éditions, et lire surtout l'Avertissement de la 3e édition. Voir aussi *du Vrai, du Beau, et du Bien*, par le même, 2e édition 1854.

fessions de foi périodiquement remaniées en les nommant ironiquement comme Hilaire nommait celles des Ariens de son temps « des symboles annuels et mensuels, *annuas atque menstruas fides* » (1), commence avant tout par déclarer avec dignité que sur le terrain des principes il ne peut y avoir lieu à aucune transaction, qu'il faut en prendre son parti, et que l'Eglise n'hésitera pas plus à rompre avec la philosophie qu'avec la moitié du monde pour encore moins qu'un *Iota* ou qu'un *Filioque !* (2) A la clarté d'une rigoureuse orthodoxie l'évêque scrute ensuite les prétendus remaniements auxquels le père de l'éclectisme avait cru soumettre ses théories, et il n'a pas de peine à reconnaître que s'il a beaucoup retouché, au fond, malgré mille précautions de langage, il n'a rien rétracté. (3)

C'est toujours cette philosophie orgueilleuse qui s'imagine pouvoir conduire l'homme à sa destinée sans le secours d'aucune religion révélée, qui n'admet entre l'âme et son Dieu que deux intermédiaires possibles, le monde des choses physiques et le monde des vérités purement naturelles ; quant à cet autre monde supérieur dont le Médiateur divin est le créateur et le centre, il constitue ce qu'on est convenu d'appeler le domaine « du mysticisme. » (4) Qu'est donc une pareille philosophie, s'écrie notre éloquent apologiste, sinon le renversement complet du Christianisme ? Est-ce tout ? Non, elle en est aussi la contrefaçon dérisoire et sacrilége, car cette raison humaine qu'on exalte ainsi aux dépens et sur les ruines de la foi, on ne se contente pas de nous la présenter comme la source unique du vrai, du beau et du bien, mais encore en vertu d'on ne sait trop quel grossier panthéisme importé d'outre-Rhin et mal déguisé par les artifices du langage, on l'investit d'attributs réellement divins, et sans crainte de prostituer les noms de nos plus augustes mystères aux hérésies les plus monstrueuses, on ose la définir une « Incarnation de la divinité dans l'homme, » on va même, ô profanation honteuse ! jusqu'à la nommer en propres termes « le Verbe fait chair. » (5)

Pourvu de tels professeurs de dogme, l'éclectisme ne manque pas non plus de fort habiles professeurs de morale, et pendant que ceux-là promulgent ou retouchent le symbole, ceux-ci élaborent des manuels de bonne conduite. Car il n'y a qu'une élite qui pense, quant à la masse, elle a surtout besoin de croire et de pratiquer. On le sait bien, aussi le nouvel évangile, quoique relevé ça et là par de très belles

(1) 2me synodale, t. III, p. 252.
(2) 1re destruction synodale, t. II, p. 341.
(3) Ibidem, p 360.
(4) Ibidem, p. 362.
(5) Ibidem, p. 360.

maximes, se montrera-t-il si accommodant eu égard à l'ancien, notamment dans ce qui a trait à ce vieil épouvantail théologique qu'on appelle l'enfer, que le gros public s'éprendra pour lui d'un engouement certes très explicable. (¹) Bref, les prédications éclectiques ont autant de succès dans les écoles qu'à la tribune, et l'aréopage littéraire d'une grande nation, chrétienne depuis quatorze siècles, compagnie illustre dont les jugements ont un grand poids et qui semble revendiquer désormais, outre ses attributions littéraires, une part considérable dans la direction intellectuelle du pays, n'hésite pas à glorifier et à couronner dans une même séance « la Connaissance de Dieu » du père Gratry, et le « Devoir » de Jules Simon, comme s'il s'agissait dans une exposition, ajoute spirituellement l'évêque, des produits les plus divers de l'industrie, plaçant ainsi par ce cahos d'éloges et ce pêle-mêle de récompenses à côté et au niveau d'une théodicée orthodoxe cette morale naturaliste qui n'aboutit qu'à des vertus dont Bossuet a dit que l'enfer est rempli ! (²)

Après avoir mesuré du regard les forces de l'adversaire, l'évêque prend résolûment l'offensive. Pour en avoir une juste idée, on devrait lire en entier ces démonstrations vigoureuses qui ne laissent à l'erreur désespérée ni excuse ni subterfuge. Ce naturalisme tel que vous l'entendez, philosophes, affirme à la suite de tous les Pères et de l'Eglise tout entière le savant théologien, est un non-sens, car sous le vain prétexte de sauvegarder les droits de la raison il foule aux pieds les droits de Dieu, puisqu'il lui défend de parler en maître à la créature intelligente comme à toutes les autres, il ne tient aucun compte de la venue de Jésus-Christ dont l'autorité s'impose à tout homme venant en ce monde, enfin il méconnaît de la manière la plus formelle la condition actuelle de la nature humaine. (³)

En vain, en effet, essaierait-il de s'envelopper dans une dignité mensongère, l'homme est un roi déchu ; blessé dès l'origine dans son intelligence et dans sa volonté, il porte encore suspendue à ses flancs la flèche meurtrière.

Hæret lateri letalis arundo ! (⁴)

N'est-ce pas dans ce double état d'infirmité intellectuelle et morale, et non un sceptre à la main, que le grand apôtre qui le connaissait si bien pour l'avoir vu de si près, l'a buriné en traits de feu aux premiers chapitres de cette épitre aux Romains, stigmate ineffaçable imprimé au front du paganisme par la vérité indignée, n'est-ce pas le spectacle de ces

(1) Ibidem, p. 377.
(2) Ibidem, p. 377-378.
(3) Telle est la division de la 1ʳᵉ synodale.
(4) Virgile, livre IV, v. 73.

haillons qui excite le sourire satisfait de Montaigne et qui arrache à Pascal son ironie poignante ? Véritable monstre incompréhensible, s'écrierait ce dernier, qui aspire au vrai, mais qui ne peut le conquérir dans son intégrité, et qui ne se sent pas moins impuissant à réaliser tout le bien qu'à atteindre tout le vrai, roi déchu, disions-nous, hélas! esclave de mille passions avilissantes dont il lui est impossible de secouer le joug autrement que par les mérites du sang, libérateur qui sera versé au Calvaire. Quand, à la lueur de l'histoire et des littératures antiques, on a vu où aboutit le règne de la raison dans les sociétés païennes, quand on les a vues une à une, en dépit des efforts désespérés de la philosophie, s'abîmer dans la volupté ou dans le sang, on se demande avec étonnement comment des philosophes dignes de ce nom ont pu s'aveugler au point de révoquer explicitement en doute la dégradation originelle de la race humaine, ou bien de penser et d'agir comme si elle n'était qu'un rêve. Mais puisqu'il est si difficile d'écarter de leurs yeux le bandeau fatal qui les ferme à la lumière, avec l'évêque de Poitiers demandons hardiment à l'histoire intime de leurs propres faiblesses les aveux que n'a pu leur arracher l'histoire des erreurs et des crimes de l'humanité tout entière. Philosophe drapé dans le manteau héréditaire de Socrate et de Platon quand il fallait poser dans le public, trop souvent dans le secret qui vous aurait vu ne vous aurait-il pas pris pour un disciple d'Epicure ? (¹) « Oui, mon frère, avouez-le, non pas à nous, mais à vous-même, votre vertu humaine, votre sainteté humaine s'est au moins quelquefois démentie. Juste devant les hommes, vous ne l'êtes pas à vos propres yeux, vous connaissez dans votre vie plus d'une page humiliante, vous avez mis le pied dans la fange, vous n'êtes pas pur de cœur, et si tôt ou tard vous ne recourez aux sources de la grâce, s'il ne descend pour vous un pardon du ciel, si une goutte du sang de Jésus-Christ que vous repoussez, ne vient toucher votre âme et la guérir, vous avez mérité le châtiment des coupables « *quoniam qui talia agunt digni sunt morte.* » (²)

Il y eut un siècle où la France, lasse sans doute de porter le poids trop lourd des gloires chrétiennes de son passé, voulut tenter en grand l'expérience de ce que peut la raison pour le perfectionnement moral de l'humanité. Pendant quatre-vingts ans on vit s'acharner à cet essai décisif tous les ancêtres géants du naturalisme contemporain. Ce fut un grand ouvrage. Il s'agissait, en effet, d'extraire de la raison humaine tout ce qu'elle renferme de vrai, de beau et de

---

(1) 1ʳᵉ synodale, p. 398.
(2) Ibidem, p. 398.

bien dans tous les genres, de recueillir pieusement toutes ces richesses, et après les avoir centralisées de les classer avec ordre dans une compilation immense qui serait appelée à devenir le nouvel et unique évangile des générations futures. Après avoir promulgué les oracles, on décernerait l'apothéose à l'infaillible voix qui les aurait rendus. Eclose du cerveau de l'humanité pensante comme la Minerve antique du cerveau de Jupiter, la déesse Raison descendrait sur les autels où placée comme la Pallas-Promachos au frontispice de quelque nouveau Parthénon, elle déroberait au vrai Dieu les adorations de la multitude. Tout réussit à merveille. Après un demi-siècle de prédications victorieuses le grand pontife du culte nouveau fit son entrée dans la capitale du royaume très chrétien qui lui offrit l'encens et le couronna de roses, « Sodome l'eût banni ! » Vingt ans après ce fut le tour de l'idole. Approchez, philosophes, naturalistes, éclectiques, libres penseurs de tous les temps et de toutes les écoles, le moment est enfin venu, venez contempler votre œuvre et assister à votre commun triomphe, Artistement, somptueusement parée par tous les Phidias de la philosophie, l'idole s'avance vers son temple. Que vois-je ? Vous reculez d'horreur ! N'est-ce donc pas là pourtant ce verbe fait chair dont vous nous parliez tout à l'heure ? Pourquoi vous plaindre ? Vos vœux sont comblés, votre verbe humain le voilà réellement devenu chair, le voilà incarné, ah ! non point dans une Minerve chaste et guerrière, ce fut là votre erreur, erreur qui fut un crime ; mais dans une Vénus infâme, la vrai infâme celle-là ; et la vile prostituée, vous devez en être fiers, étale ses charmes divins dans l'auguste cathédrale où se sont agenouillés nos vieux rois et nos vieux évêques, elle s'y enivre des impurs hommages d'un peuple d'apostats, enfin, pour que rien ne manque au triomphe de la philosophie, elle s'asseoit en dominatrice sur le tabernacle où a trôné pendant tant de siècles la chair virginale et adorable du Verbe éternel ! (1)

Déconcerté par la pressante argumentation de l'évêque de Poitiers, le naturalisme n'essaya même pas de lui opposer une réponse directe. On se contenta de crier à l'intolérance et de balbutier quelques fins de non-recevoir, mais d'une faiblesse vraiment étonnante ; qu'on en juge. L'évêque se méprend, lui disait-on, qu'il expose, qu'il commente le

(1) Dareste : Histoire de France, t. VII, p. 541. Fête de la Raison. « Le 12, une procession populaire marcha, la Commune en tête On chantait le *Ça ira*, le *chant du départ* et la *Marseillaise*. Une femme en costume de déesse, avec un bonnet rouge, un manteau bleu et une pique à la main, était portée sur un trône. On la fit asseoir au chœur de Notre-Dame, et la procession défila devant elle pendant que la vieille basilique retentissait de l'hyme de la Raison. »

dogme, c'est son droit, mais qu'il nous oblige à le suivre sur ce terrain qui n'est pas le nôtre, c'est là une prétention insoutenable. Il oublie qu'il est évêque et que nous sommes laïques, philosophes, que si les choses de l'ordre surnaturel le regardent, elles ne nous regardent pas (¹). Nous respectons son indépendance dans le domaine révélé, mais qu'il n'attente pas à la nôtre dans le domaine de la raison, car, si après avoir exalté la dignité de la philosophie, quelques lignes plus loin, dans la même thèse, il n'en persiste pas moins à vouloir démontrer son insuffisance, il ne paraît guère mieux la traiter que ces naïfs scolastiques, qui la représentaient au frontispice même de leurs livres la couronne en tête et la sébile en main (²). Or, pour la philosophie comme pour toute autorité suprême, il n'y a d'indépendance que dans la souveraineté : si elle n'est pas maîtresse, elle est toujours servante.

Ils sont laïques, philosophes ! En présence d'une objection aussi puérile, l'évêque de Poitiers ne peut s'empêcher de sourire. Est-ce à lui en effet d'en remontrer sur la lexicographie aux savants académiciens qui lui donnent la réplique, est-ce à lui de leur apprendre qu'en aucune langue laïque et philosophe ne sont synonymes de païen, et que pour se targuer de ce double titre, une créature intelligente quelconque n'en est pas moins strictement tenue d'obéir aux volontés de son créateur et d'avoir quelque souci du salut éternel de son âme (³).

Après ce spirituel préambule par lequel s'ouvre la deuxième synodale, l'évêque appuyé sur les récents décrets du concile de Périgueux qui venait d'anathématiser la grande hérésie moderne, ressaisit cet étrange adversaire qui ne veut ni lutter ni rendre les armes et lui inflige derechef une démonstration en règle. Une philosophie qui repousse la révélation, y est-il dit, est une philosophie antirationnelle, impossible, impie, antirationnelle, puisqu'au témoignage même de la raison, Dieu possédant beaucoup plus de vérités que nous, s'il lui plaît de nous en révéler quelqu'une, il a autant le droit d'exiger un acte de foi de notre intelligence qu'un acte d'acquiescement de la part de notre libre arbitre, et que s'il manifeste expressément à ce sujet sa volonté par des faits positifs, il est absurde de s'obstiner à n'en point tenir compte ; impossible, car elle a beau dire, la philosophie séparée contemporaine ne vit que de larcins faits à la doctrine chrétienne à l'aide desquels elle essaye, mais en vain, de dissimuler sa superbe indigence ; impie enfin, car pour le

(1) Voir un article des *Débats* du 27 novembre 1855, commençant ainsi : « Sur le fond même des choses »
(2) 2ᵉ synodale, t. III, p. 150.
(3) 2ᵉ synodale, t. III, p. 136, 137, 138 et s.

baptisé elle est l'apostasie, et pour celui qui ne l'est pas elle constitue une acceptation formelle du paganisme (¹). Et les principes de 89, qu'en faites vous donc, s'écrient alors aux abois les soutenants de l'erreur en déroute, la liberté de la pensée, la liberté des croyances, n'avons-nous donc rien conquis, et nos pères n'ont ils versé tant de flots de sang que pour que nous soyons réduits à voir encore la raison vassale et la philosophie traitée comme une annexe de la scolastique ? Les principes de 89 ! telle était en effet alors comme aujourd'hui la grande ressource. Hélas, qu'ils en fassent leur deuil ; pauvres esprits, saisis de vertige, leur répond l'évêque, eh ! non, en matière de religion vous n'avez rien conquis du tout. Les flots de sang versés par vos pères ne pèsent rien à côté d'une goutte du sang divin qui a ruisselé au Calvaire, et après 1789 comme avant 1789, que vous le vouliez ou que vous ne le vouliez pas, vous relevez toujours, vous comme les autres, de Celui qui pas plus qu'il n'a ratifié complètement encore la charte de vos prétendus droits, n'a surtout allégé en rien le fardeau de vos devoirs (²).

Au fond des sanctuaires chrétiens de l'Orient, parmi plusieurs autres peintures qui décorent l'abside, il est une représentation qu'on retrouve souvent. C'est un évêque, saint Pierre d'Alexandrie, étonné et comme dans la stupeur. Devant lui c'est J.-C. nu et transi de froid. L'évêque l'interroge de son regard plein d'émotion. Jésus lui répond : « C'est Arius, l'impie Arius qui m'a dépouillé de ma tunique ! » Ah ! mes vénérables frères, s'écrie à son tour l'évêque de Poitiers en s'adressant à son clergé qui l'entoure, avec ce ton de tendresse passionnée pour son Dieu qui rappelle les accents d'Hilaire, le même Jésus dépouillé du manteau de sa divinité et de sa royauté par la main glaciale du nouvel Arianisme est apparu à vos regards et aux miens, et chacun de nous s'est écrié comme les prêtres a qui saint Pierre d'Alexandrie raconta sa vision : « Tant qu'il me restera un souffle de vie, j'élèverai la voix contre l'impie Arius. » (³) Ce n'est pas que lorsqu'il parle de la personne même du chef de l'Arianisme philosophique, il ait toujours l'anathème sur les lèvres. Loin de là, s'il réprouve sa doctrine, il estime la dignité de son caractère, il admire la hauteur de son intelligence. Que de fois, comme s'il pressentait que tôt ou tard il serait compris, il a tendu ses bras avec amour vers cette âme égarée, mais sincère ! On aime à penser que mêlés au langage d'une raison supérieure, ces touchants appels d'un

---

(1) C'est la division de la 2ᵉ synodale.
(2) 2ᵉ synodale, p. 192, et s.
(3) 1ʳᵉ synodale p. 415 et 416. T. II.

noble cœur ne demeurèrent pas sans écho dans celui auquel ils s'adressaient. N'y déposèrent-ils pas le germe d'où jaillit plus tard la lumière ? Cousin, on l'a nié, mais on en possède actuellement l'absolue certitude, comme ce savant illustre dont la mort chrétienne a récemment remué le monde ([1]), au déclin de ses jours alla chercher dans la doctrine de l'Evangile la sécurité d'esprit et de cœur qu'il avait en vain demandée à la philosophie. On a de lui des paroles vraiment magnifiques. « Un jour nous parlions de J.-C., c'est ainsi que s'exprime le témoin sur la foi duquel nous écrivons ces lignes, M. Cousin me dit : Si j'avais maintenant à faire un cours public je voudrais ne traiter que d'un seul sujet, de J.-C. Je voudrais montrer comment le sentiment de J.-C. est le seul qui aujourd'hui puisse relever les âmes... Oui tout est là, le sentiment de J.-C. » Je lui dis : « Je suis sûr, Monsieur, d'après ce que vous me dites, que la vue d'une sœur de charité est pour vous une des meilleures démonstrations de la divinité de J.-C. » Il m'a répondu : « Oui, quand je vois un crucifix dans les mains d'une sœur de charité, je dis : voilà mon Dieu ! » ([2])

Hélas, lorsqu'ils rétractent leurs erreurs ces penseurs généreux, que ne peuvent-ils en même temps conjurer les désastres dont elles deviennent tôt ou tard fatalement la cause ? Le naturalisme rationnel, par une évolution nécessaire, ne tarda pas à se transformer en naturalisme social et politique. C'était la conséquence sortant de son principe. Dès là, en effet, que J.-C. ne comptait plus pour la raison, il était urgent de l'expulser impitoyablement de l'éducation et des lois. Tel fut en deux mots le nouveau programme. On avait pour soi les passions, avec les passions on aurait le nombre, et avec le nombre la force. Il y avait pourtant un obstacle. L'erreur en effet, tant qu'elle avait circonscrit ses tentatives d'agression au domaine philosophique, n'avait rencontré en face de son ambition que des raisonnements défensifs à elle objectés par sa puissante rivale. Or, l'erreur religieuse s'est toujours moquée de ces résistances platoniques. Mais aussitôt qu'impatiente de faire passer ses doctrines de la théorie à l'application, elle menacerait d'envahir le terrain social, elle se trouverait en présence non plus cette fois-ci de la vérité toute nue, mais de la vérité armée, merveilleusement fortifiée, en un mot incarnée dans cette organisation hors ligne qui s'appelle l'Eglise. Que faire alors ? Il ne lui restait qu'une ressource. Se créer à elle-même une organisation également redoutable, ou bien s'il en existait déjà

---

(1) Littré.
(2) Voir dans le *Correspondant*, livraison du 10 juin 1881, un intéressant article de M. P. Reynaud intitulé : Le Christianisme et Cousin.

quelqu'une de ce genre, s'assurer au préalable de la complicité de ceux qui en avaient la garde et s'y embusquer jusqu'à ce que se présentât une occasion propice qui lui permettrait, nous ne dirons pas de combattre, mais pour faire plus vite, d'écraser et d'égorger sa victime.

Il existe, Messieurs, une association célèbre, dont on ne dira jamais assez de mal, parce qu'elle est l'ennemie de tout bien. Comme l'Eglise, dont elle aime avec on ne sait quelle infernale joie à singer les divins caractères, elle aspire à l'universalité dans le temps et dans l'espace. Son origine, on l'ignore, on sait seulement qu'elle n'a pas eu de martyrs, il lui suffit d'en faire. Quant à sa vie, elle est aussi enveloppée de mystères que sa naissance, car pouvoir essentiellement occulte, elle délibère, elle marche, elle agit dans les ténèbres, mais la fascination de la tyrannie qu'elle exerce est si étrangement forte que les doctrines qu'elle décrète comme par enchantement deviennent des lois, et certes que pourraient contre elle les pouvoirs publics dans une société qu'elle empoisonne par le mensonge et qu'elle terrorise par la dénonciation ou le poignard? Bref, autorité politique, influence sociale, direction intellectuelle, elle a su tout concentrer entre ses mains de fer, et pendant qu'hypocritement elle accuse nos associations catholiques de former un Etat dans l'Etat, au sein même de certains pays chrétiens, on ne saurait le dire assez haut, encore plus que Louis XIV elle est l'Etat lui-même ! Est-il nécessaire d'ajouter que nous voulons parler de la Franc-maçonnerie. (¹) C'est avec cette force supérieurement disciplinée que le naturalisme social signa le pacte qui devait, espérait-il, lui assurer la victoire. La conjuration formée, on se précipita vers le double objectif qu'il fallait absolument atteindre. La morale chrétienne étant mise hors la loi comme surannée, il s'agissait en premier lieu de reconstituer l'éducation des générations futures sur une base nouvelle. Cette base ne serait plus la morale prétendue révélée, mais une morale humaine, qui embrasserait dans un large éclectisme les préceptes les plus purs des religions les plus diverses, et constituerait ainsi, comme s'exprimait un philosophe de la secte, le religion la plus haute, la plus universelle, la plus catholique dans le sens étymologique du mot. (²) Effacez le vernis de la phrase et vous restera-t-il

---

(1) Sur cette puissance vraiment extraordinaire de la Franc-maçonnerie, on trouvera des détails très curieux dans: 1º *Le libéralisme, la Franc-maçonnerie et l'Eglise catholique*, par le chanoine Labis, professeur de théologie, nouvelle édition, ouvrage très sérieux; 2º dans « *La Franc-maçonnerie, voilà l'ennemi!* » par S. Coltat.

(2) 1re synodale, tome II, p. 401; la citation est tirée d'un livre de M. Garnier, professeur à la Faculté des lettres de Paris, intitulé: *Morale sociale ou devoir de l'Etat et des citoyens, en ce qui concerne*

autre chose que ce qu'on est convenu d'appeler de nos jours « la bonne vieille morale, » (¹) ou dans un style plus grotesque, la morale « dégagée des vieilles béquilles théologiques, » (²) que nous vantent à l'envi les charlatans et les païens de tous les temps et de tous les régimes ? Au reste, ajoutait-on, quoi qu'en pensent les croyants, il n'y a pas une grande différence entre un philosophe honnête et un honnête chrétien, et « si l'âme du dernier des Brutus, si l'âme de saint Louis s'étaient racontées elles-mêmes, quelle belle psychologie morale nous aurions ! (³) De la réhabilitation du paganisme à celle de son infernale idole il n'y avait qu'un pas, et ce pas on le franchit. « De tous les êtres autrefois maudits, a-t-on osé écrire, que la tolérance de notre siècle a relevés de leur anathème, Satan est sans contredit celui qui a le plus gagné aux progrès des lumières et à l'universelle civilisation. Le Moyen-Age, qui n'entendait rien à la tolérance, le fit à plaisir méchant, laid, torturé... Un siècle aussi fécond que le nôtre en réhabilitations de toutes sortes ne pouvait manquer de raisons pour excuser un révolutionnaire malheureux que le besoin d'action jeta dans des entreprises hasardeuses. » (⁴) Et si les consciences chrétiennes indignées repoussent avec horreur et le nouveau culte et le nouveau dieu, qu'importe ? On les y enchaînera par la force. « La lutte est sérieuse et à outrance, s'écriait M. Quinet, il s'agit non-seulement de réfuter le Papisme, mais de l'extirper, non-seulement de l'extirper, mais de le déshonorer, non-seulement de le déshonorer, mais, comme le voulait l'ancienne loi germaine contre l'adultère, de l'étouffer dans la boue. » (⁵) Et si ce despotisme religieux, comme vous l'appelez, ne peut être extirpé de la façon que vous dites sans qu'on sorte de la légalité ! « Qu'importe ? on en sortira, poursuit le farouche sectaire, aveugle il appelle contre soi la force aveugle ! » (⁶)

Ce n'est pas sans un bien douloureux serrement de cœur que nous avons parcouru ces lignes où l'erreur en délire menace formellement déjà de confier l'exécution de ses décrets aux violences du crime. Et pourtant, malgré que la douleur dont on se sent étreint en tournant son regard vers un passé si tristement prophétique s'aggrave encore de tout le poids des angoisses présentes, puisque après les menaces, après les trahisons, après les milles péripéties d'une lutte iné-

---

la propriété, la famille, l'éducation, la liberté, l'égalité, l'organisation du pouvoir, la sûreté intérieure et extérieure.
(1) Expression mise à la mode par les discussions parlementaires sur l'instruction primaire.
(2) La formule est de M. Jules Ferry.
(3) 1ʳᵉ synodale, tome II, p. 405.
(4) Ibidem, p. 406.
(5) 2ᵉ synodale, tome III, p. 247.
(6) Ibidem, p. 247.

gale nous voici enfin arrivés à la période de l'égorgement, puisque le naturalisme maçonnique triomphe et que dans l'orgie de sa victoire, pour donner le signal des « *destructions nécessaires,* » il arrache nos vieux Christ à l'œil pur de l'enfance, afin d'y substituer bientôt sans doute, comme l'y invitait naguère un journal de la secte, « cette truelle, » (¹) ridicule symbole des constructions chimériques de l'avenir, malgré, disons-nous, l'abattement où nous plonge le spectacle de tant d'horreurs, toutefois, quand nous entendons hurler qu'on ne se contentera pas d'étouffer la morale chrétienne, mais qu'on a juré de l'étouffer dans la boue, oh ! alors tout autre sentiment cède devant l'indignation qui gronde et qui monte du fond de l'âme, on éprouve le besoin comme la vierge chrétienne, outragée par le proconsul impudique, de se redresser en face de l'injure de toute la hauteur de son honneur et de sa foi, de proclamer bien haut avec l'évêque de Poitiers qu'il n'y a qu'une morale au monde qui puisse rendre la chasteté possible et l'immolation de soi facile, que la morale naturelle est incomplète, insuffisante, que mutilée par le paganisme elle n'a été restaurée, promulguée dans son intégrité que par la révélation chrétienne, (²) qu'après tout la morale naturelle au fond se distingue à peine de cette morale païenne dont la règle la plus austère, ainsi que le chantait Euripide en trop beau vers, hélas ! à la société athénienne de son temps, n'allait pas au-delà de l'hygiène de la volupté, (³) enfin s'il ne répugnait de se baisser, on serait tenté de saisir cette boue dans laquelle on parle d'ensevelir notre foi, nos gloires, et de la jeter au visage de ces vils insulteurs ! Tyrans imbéciles, nous étouffer dans les larmes et dans le sang, vous le pourrez sans doute, car c'est le martyre ; mais dans la boue, jamais, parce que ce serait la honte ! la honte ! elle est pour ceux qui méconnaissant la sublimité de la morale chrétienne, et oubliant qu'elle seule a pu régénérer l'humanité qui s'abîmait dans la corruption, la traitent, les ingrats, comme un simple système philosophique passé de mode ; la honte, elle est pour ceux qui devenus incapables, on comprend trop pourquoi, de sentir tout ce qu'il y a de séduisante grandeur morale dans l'innocence d'un enfant de douze ans qui s'approche pour la première fois de son Dieu ou dans la chasteté héroïque d'un cœur de vingt ans qui ne s'en est jamais éloigné, ont rêvé de substituer à l'éducation divine, qui engendre ces merveilles, on ne sait quel code tronqué de préceptes officiels aussi dé-

---

(1) « *Le monde maçonnique* »
(2) Voir 1re, 2e et 3e synodales, passim. Nous résumons ici la doctrine de l'évêque, relativement à la morale naturelle.
(3) *Iphigénie à Aulis*, édition Hachette, Weill, vers 543, le chœur fait l'éloge de la modération dans la volupté.

pourvus d'autorité que de sanction, et qui, si le sens chrétien ne tenait ferme, avant trente années nous ramèneraient par une pente fatale aux infamies du paganisme.

Sévèrement proscrite de la morale, l'idée chrétienne ne devra pas moins l'être de la législation civile et politique. Il est entendu que des peuples chrétiens ne peuvent plus avoir d'intérêts chrétiens proprement dits, et qu'à l'intérieur comme à l'extérieur leur activité nationale ne saurait aspirer à rien de plus haut qu'à mener à bien des questions de bourse ou de chemins de fer. Tel est l'idéal imaginé par la philosophie. Il fut un temps où des sociétés nobles et puissantes, que la loi du Christ avait faites dès leur origine libres et glorieuses, non contentes de placer cette loi à la base et au sommet de leur édifice législatif, jalouses et fières qu'elles étaient de montrer par là qu'elles se courbaient moins sous une volonté humaine que sous le joug du Christ dont leurs rois n'étaient que les « *sergents* » (¹), mirent encore leur honneur à étendre le règne chrétien partout où pénétraient leurs armes et où commandait leur politique. Au lieu de poursuivre fiévreusement de grands intérêts, elles croyaient plus digne d'elles de se passionner pour de grandes idées. Mais cette époque fut une époque d'ignorance et de fanatisme. Le progrès croissant des lumières appelle les peuples à d'autres destinées. En vain l'évêque de Poitiers fera-t-il observer à ces utopistes qu'en arrachant au pouvoir la divine auréole qui éclaire son origine et qui consacre sa légitimité, on découronne la majesté des lois et on déchaîne la licence (²), en vain se raillera-t-il des représentants officiels, fonctionnaires ou professeurs de cette société naturaliste « la plume en main pour enseigner toujours les mêmes principes, l'arme au bras pour en exterminer les conséquences, descendant volontiers le soir dans la rue pour fusiller les actes provoqués par les doctrines et les exemples du matin » (³) ; en vain élevant plus haut ses vues, protestera-t-il, la main sur l'histoire, « qu'il est des nations tellement créées pour Jésus-Christ qu'elles ont l'heureuse impuissance de trouver leur assiette fixe en dehors de lui » (⁴), l'erreur triomphante ne prêtera pas plus l'oreille à la voix de la raison qu'aux enseignements de l'histoire, et elle n'aura de repos que lorsqu'elle aura réussi à effacer de nos codes les derniers vertiges de ce sang rédempteur qui, à toutes leurs pages, y avait écrit, après les avoir incrusté dans toutes les

---

(1) 3ᵉ synodale, t. V, p. 183.
(2) 3ᵉ synodale, t. V, § XXI jusqu'à la fin.
(3). T. II, p. 470, 471. Lettre pastorale ordonnant des prières publiques à l'occasion de la prochaine définition du dogme de l'Immaculée-Conception.
(4) 3ᵉ synodale, t. V, p. 191.

âmes, ces beaux principes d'égalité humaine et de fraternité sociale bien avant que les avocats boursouflés de 92 et de 93, qui s'en crurent si sottement les inventeurs, les eussent inscrits sur tous les murs avec le sang de leurs victimes. C'en est donc fait, et de même qu'il n'y aura plus de législation chrétienne, il n'y aura plus aussi par le fait de politique chrétienne. Quand saint Louis, à la tête d'une armée de héros, s'élança sur la côte africaine pour atteindre au cœur la barbarie musulmane, s'il portait en ses vaillantes mains l'épée de la France, il portait aussi une croix sur sa poitrine. Quel glorieux emblême ! C'était l'apostolat marchant de pair avec la conquête, car de par le droit public de nos vieux Francs, acquise à la couronnne une nation était par ce fait conquise à Jésus-Christ. La philosophie naturaliste a assigné aux peuples une tout autre mission, et désormais quand elle leur commandera d'aller s'immoler sans murmures sur une plage lointaine et meurtrière, elle pourra n'avoir d'autre objectif que de rassurer dix à douze capitalistes ! Mais ce beau spectacle on ne le reverra plus : un grand roi marchant à la tête d'un grand peuple pour faire triompher dans le monde une idée chrétienne, c'est-à-dire une grande idée.

Pendant que notre héroïque athlète croisait le fer avec l'hérésie sur le terrain philosophique et social, la lutte depuis quelque temps déjà s'était transportée sur un autre champ de bataille, et menaçait de prendre des proportions bien autrement alarmantes. Les barbares d'aujourd'hui comme les barbares d'autrefois avaient compris que pour frapper à mort la souveraineté romaine, c'est à Rome qu'il fallait marcher. Le mot d'ordre ne tarda pas à être donné. Dès 1855 il circulait partout, dans les chambres piémontaises, dans les clubs révolutionnaires, dans les loges, dans la presse vendue. Mais l'évêque veillait et il fut des premiers à jeter le cri d'alarme. Il faudrait lire en entier cette magnifique instruction synodale sur Rome considérée comme siége de la Papauté de 1856 (¹), où après avoir signalé l'imminence du danger, avec une merveilleuse éloquence il établissait sur des preuves irréfutables les droits éternels de Rome à demeurer irrévocablement la capitale du monde chrétien. Comment le roi des siècles, s'écriait-il, qui avait résolu de fonder un empire, comme les autres fondateurs d'empires, n'aurait-il pas songé bien à l'avance à la capitale du sien (²) ? N'était-elle pas présente à ses yeux dès le commencement des choses, alors qu'il prenait l'équerre et le cordeau, pour donner à la terre son assiette, pour ajuster les chaînes de montagnes et le

---

(1) T. II, p. 466.
(2) Ibidem, p. 482.

niveau des mers, en particulier quand il creusait la Méditerranée « immense bassin bordé par tant de provinces, coupé par tant de promontoires, qui sert à la fois de chemin et de limite, grande route ouverte au commerce des peuples, qu'on dirait jetée à travers le monde comme un baudrier sur le corps de l'homme, ceinture magnifique enchâssée d'îles comme de pierres précieuses, qui resserre et qui réunit en même temps qu'elle distingue et qu'elle partage .... (1) » Préparation géographique et topographique de Rome. En outre, n'avait-il pas pris soin de faire de cette ville souveraine le centre politique, le rendez-vous universel du monde, quelques instants avant, d'en remettre le sceptre à son lieutenant (2) ? Préparation politique. Préparation morale enfin. Quel sens du pouvoir, quel instinct de l'autorité chez ce peuple romain (3) ! Et comme il semble avoir été taillé de bonne heure pour être le *populum late regem* (4) », et jouir de cet « *imperium sine fine* (5) » que lui avait promis son Virgile bien autrement prophète qu'il ne le pouvait croire. Que maintenant il arrive à Rome, l'apôtre Pierre, lieutenant du Christ, tout est prêt pour le recevoir, et lui mort, Rome contiendra désormais dans les flancs de son Vatican un rocher plus immuable que celui de son vieux capitole (6) « *Capitoli immobile saxum* (7) ». Mais voici que les évènements se précipitent, ne craignez rien, l'évêque est à son poste, il aura l'œil à tout.

Le 28 septembre 1859, il publie une lettre pastorale à l'occasion de la révolte des Romagnes (8), le 13 janvier 1860 il condamne par un mandement la brochure intitulée « Le Pape et le Congrès. » (9) Le 31 du même mois de la même année, dans un autre mandement portant publication de l'encyclique du Pape à l'occasion de la lettre de l'empereur des Français, il s'adresse en ces termes à l'auguste persécuté. Quels accents ! « Royal Pontife, non je ne sais si la brutalité et la perfidie qui vous assiégent ne parviendront pas à ébranler votre trône, mais je vous en vois descendre les marches avec une grandeur et une dignité qui sont encore d'un roi, et je prédis avec assurance que vous les remonterez. On ne changera pas ce que la force des choses, l'intervention divine, et la sanction des siècles ont établi. Rome est le siége de la papauté, et là où siége la papauté, elle y porte

---

(1) Ibidem, p. 483.
(2) Ibidem, p. 484.
(3) Ibidem, p. 504, 505, sqq.
(4) Virgile. Énéide, l. I, v. 25.
(5) Virgile. Énéide, L. I, v. 283.
(6) Instruction synodale sur Rome considérée, etc., p. 490.
(7) Virgile, L. IX, v. 448.
(8) T. III, p. 477.
(9) T. III, p. 538.

une attitude de reine. (¹) C'est d'elle surtout qu'il faut dire que toute autre place qu'un trône serait indigne d'elle. » (²) Et lorsque la fatale nouvelle, dirons-nous de la défaite ? non mais de l'écrasement, du guet-apens de Castelfidardo a pénétré jusqu'à sa ville épiscopale, voyez-le bondir dans la chaire de St-Hilaire, ressusciter aux regards de ses auditeurs par le prestige d'une éloquence de feu l'héroïsme de nos martyrs, justifier leur conduite, les venger des calomnies infâmes dont on avait essayé de souiller leur gloire. » Lors même que le prince envahisseur, dit-il, au lieu de porter le turban de Mahomet, parerait encore son front des diamants de la couronne de Chypre et de Jérusalem, levez-vous, soldats du Christ! Puisque Astolphe, puisque Didier ont reparu, debout, la grande ombre de Pépin et de Charlemagne ! Ou si par des mystères que nous ne voulons pas sonder, l'épée de Pépin et de Charlemagne demeure consignée au fourreau, partez des quatre vents et du sein de toutes les races catholiques ! Non, vous ne formerez point une légion étrangère. On est toujours au service de sa patrie quand on est au service de son père !

« Et si je ne sais quel patriotisme tardif et mal né s'avisait de vous renier, dites que vote roi s'appelle Pépin, votre empereur Charlemagne, et que votre bannière c'est l'oriflamme de saint Denis. Spolète, Castelfidardo, Ancône, l'Eglise gardera vos noms, comme elle garde ceux de Damiette, de la Massoure et de Carthage ! Là aussi il y eut des défaites, mais ces défaites furent des avantages en même temps qu'elles furent des gloires. La Grèce en jugea parfois de même. Notre devoir, disait Léonidas, c'est de défendre ce passage, notre résolution c'est d'y périr. Et quand l'armée de Léonidas eut succombé, Lacédémone s'énorgueillit de la perte de ses guerriers, et la défaite des Thermopyles contribua plus à l'affranchissement de la Grèce que la victoire de Marathon. » (³) Les Thermopyles ! souvenir à jamais glorieux que l'éloquent évêque d'Orléans évoquait à son tour pour exalter le même héroïsme, (⁴) et ils avaient raison tous deux, nos deux grands évêques, car ces héros, ces martyrs n'avaient-ils pas combattu, n'avaient-ils pas succombé pour défendre, aux portes mêmes de la capitale de la civilisation chrétienne, les Thermopyles de la

---

(1) T. III, p. 552.
(2) Bossuet. Oraison funèbre de Henriette de France.
(3) Tome IV. Eloge funèbre des volontaires catholiques morts pour la défense des Etats de l'Eglise, prononcé dans l'église cathédrale de Poitiers, p. 51, 52, 54, 55.
(4) Œuvres de Mgr Dupanloup, t. I, œuvres oratoires. Oraison funèbre des volontaires catholiques de l'armée pontificale, morts pour la défense du Saint-Siége à Castelfidardo, p. 201, 202, 203.

dignité humaine, les Thermopyles de l'honneur européen ? Que maintenant des plumes mercenaires osent tenter l'apologie du sacrilége, excuser des complicités trop manifestes, écarter de têtes augustes des responsabilités écrasantes (¹) le courageux évêque ne se contiendra plus, il arrachera les masques. « Lave tes mains, ô Pilate, s'écriera-t-il, déclare-toi innocent de la mort du Christ, pour toute réponse nous dirons chaque jour et la postérité la plus reculée dira encore: Je crois en J.-C., fils unique du père, qui a enduré mort et passion sous Ponce-Pilate, *qui passus est sub Pontio Pilato.* » (²) Aujourd'hui il n'y a plus de Pilate, Dieu merci, mais il y a des sanhédrins ; on ne dit plus « faites vite, » mais faites lentement, pourvu que vous arriviez au but, et quand les peuples ont le bonheur d'être pourvus de deux sanhédrins au lieu d'un, que de fois n'arrive-t-il pas, hélas ! que pendant que l'un flagelle le Christ dans son épouse, l'autre, comme Pilate, se lave les mains ?

Ce langage plus que hardi ne pouvait manquer d'irriter et de frapper à la fois d'une certaine stupeur un pouvoir ombrageux et coupable. Le célèbre mandement, déféré au Conseil d'Etat, fut condamné et le texte de la condamnation affiché avec éclat dans toutes les communes du diocèse de Poitiers. Mais les catholiques populations du Poitou consolèrent noblement leur intrépide évêque de ces déboires immérités, et pendant que les personnages officiels faisaient le vide autour de lui, ses tournées pastorales se transformaient en ovations qui faisaient littéralement perdre la tête aux représentants de l'autorité. (³)

De là une froideur de plus en plus accentuée, une surveillance plus active, des récriminations plus passionnées. La première fois que l'évêque monta dans la chaire de sa cathédrale après sa condamnation par le Conseil d'Etat, le jour de la saint Pierre 1861, on aurait pu croire que la vieille basilique avait été mise en état de siége. Il avait transpiré, en effet, qu'il préparait une protestation contre la sentence qui l'avait frappé, en conséquence les mesures les plus extraordinaires furent prises. Le ban et l'arrière-ban des surveillants attitrés de sa personne et de son ministère avaient été convoqués pour épier son discours. Le commissaire central siégeait au milieu de l'auditoire, quelques-uns de ses affidés étaient répartis dans les nefs de l'église. Ce n'est pas tout, au moment où il s'asseyait dans sa chaire, soudain à une tribune qui se trouvait en face et avec laquelle les gens

---

(1) La France, Rome et l'Italie, par M A. de la Guéronnière.
(2) Voir le mandement à propos de ce livre, t. IV, p. 464.
(3) T. IV. Lettre au ministre des cultes, à propos du rapport présenté au Conseil d'Etat par M. Suin, dans l'affaire du mandement du 12 février, p. 230 et s.

de la préfecture, attenante à l'édifice religieux, pouvaient librement communiquer, parurent deux personnages qui s'y étaient introduits à petit bruit et qui durant tout le sermon demeurèrent tapis derrière les amples vêtements d'une dame pieusement assise sur le devant de la balustrade. C'étaient les émissaires du proconsul. (¹) On croirait assister à une de ces plaisantes scènes d'espionnage byzantin dont le diacre Pallade et les historiens Socrate et Sozomène nous ont transmis le récit circonstancié ; on s'imagine voir les vils eunuques du palais, voisin de sainte Sophie, venant surveiller le grand Chrysostôme jusque dans la chaire de sa cathédrale. (²) Bien plus, que la porte de la tribune préfectorale, au lieu de s'ouvrir d'elle-même, n'eût cédé qu'aux instances de quelque marteau ou de quelque pince, et nous avions là au complet un de ces aimables tableaux dont la philosophie naturaliste, quand elle est assise sur le trône, se plaît si fort à offrir aux peuples le touchant spectacle. L'évêque fit une homélie sur la fête du jour, il prononça le nom d'Hérode, crime inexpiable ! Comment le pouvoir soupçonneux qui s'était déjà reconnu dans Pilate, ne se serait-il pas reconnu dans Hérode, alors surtout qu'il prétendait obstinément que l'évêque, durant tout le cours de l'homélie, avait affecté de ne donner à Hérode que la qualification d'Hérode III ? (³) Décrire la tempête que suscita cette homélie, pourtant bien innocente, serait chose impossible. L'évêque fut dénoncé à Rome, vilipendé par la presse gouvernementale, on interdit aux fonctionnaires d'avoir désormais aucun rapport avec lui, on alla même jusqu'à proscrire sous des peines sévères les arcs de triomphe que la piété des fidèles ne se lassait pas d'élever sous les pas du sympathique et glorieux pontife. (⁴) Nous voici arrivés à cette fatale année 1870 où, pendant que les représentants de l'Eglise pacifiquement assemblés en concile décrétaient des dogmes salutaires, les politiques de leur côté décrétaient le carnage. Nous ne parlerons pas des travaux de l'évêque à l'auguste assemblée, ni de la part prépondérante qu'il prit à ses délibérations : des documents complets et précis à ce sujet nous manquent. Disons seulement qu'il s'y montra le défenseur autorisé et éloquent de l'orthodoxie catholique. Comme il méritait que Léon XIII, comblant un des vœux les plus

---

(1) Réponse à Son Excellence M. Billaut, ministre commissaire du gouvernement impérial, dans la discussion de l'adresse du Sénat et du Corps législatif, p. 392, 393 et s.
(2) Ibidem, p. 393.
(3) Ibidem, p. 399, dépêche de M. Thouvenel.
(4) Deuxième lettre au comte de Persigny, ministre de l'intérieur, à propos de la publication de sa lettre au cardinal-archevêque de Bordeaux, t. IV, p. 532.

chers au cœur de Pie IX, honorât en sa personne, en lui conférant la pourpre romaine, toutes les vertus d'un évêque et tous les talents d'un père de l'Eglise. Avec quelle modestie il se vit investi de cette éminente dignité, mais aussi avec quel ferme et tranquille courage, en en recevant les insignes des mains du chef de l'Etat, il défendit une dernière fois, dans une allocution mémorable, (¹) les droits de Dieu et des âmes, ce sont là des faits trop récents pour qu'il soit nécessaire d'y insister. L'heure de l'épreuve allait sonner. La perte d'une mère, les malheurs de l'Eglise, cette autre mère si passionnément aimée, avaient, nous dit-on, douloureusement blessé ce bon et noble cœur. Il mourut de cette double blessure. Nous voici arrivés au terme.

De cette courte esquisse se dégage, si nous ne nous trompons, une physionomie d'une rare beauté morale et d'une douce et imposante grandeur. Quelle fermeté dans la doctrine, quel héroïsme dans l'accomplissement des devoirs sacrés de la charge pastorale, mais aussi quel tact, quelle modération dans la pratique ! Qu'on relise attentivement les neuf volumes de ses œuvres, et on se convaincra sans peine que si l'évêque de Poitiers fut théologien rigide, écrivain consommé, orateur toujours disert, assez souvent éloquent et quelquefois passionné, il fut avant tout, dans ses relations avec les hommes et les choses de son temps un homme doué au plus haut degré de cette qualité si rare qu'on appelle le *savoir-vivre* et le *savoir-faire*, pour tout dire en un mot, un homme plein de mesure ; de la mesure en effet il en mit en tout, excepté dans son amour pour l'Eglise et la Papauté, puisqu'il les aima sans mesure.

Un discours entier suffirait à peine pour mettre pleinement en relief les rares qualités de l'orateur et de l'écrivain sacré chez le cardinal Pie ; tâchons brièvement de caractériser sa manière. Quant on parcourt ses œuvres, ses charmantes homélies notamment, genre qu'il aimait par dessus tous les autres et où il excelle, on s'imagine être en présence d'un magnifique reliquaire, chef-d'œuvre de l'art moderne, où brilleraient enchâssés avec un goût merveilleux mille diamants antiques de la plus grande beauté et du plus grand prix. Ce reliquaire, c'est un style d'une rare distinction, d'une élégante et noble simplicité qui rappelle par moments l'abondance et la douceur de Fénelon. Quant aux diamants qui le parent, on devine sans peine que nous voulons désigner par là ces mille textes puisés aux meilleures sources de l'an-

---

(1) Allocution du cardinal Pie au président de la République à l'occasion de la remise des insignes du cardinalat.

tiquité sacrée et dont la main habile de l'évêque forme la trame savante, comme la moelle du discours. Prêtez l'oreille, n'êtes-vous pas le jouet d'une aimable illusion ? Est-ce bien l'évêque Pie que vous entendez ? Non, c'est Augustin, Chrysostôme, Grégoire, Léon, Hilaire surtout, Fortunat, Fulbert. A-t-il à réfuter l'Arianisme contemporain ? c'est au grand Hilaire qu'il cède la parole ; Hilaire remonte dans sa chaire, il reparaît au milieu de son Eglise étonnée et ravie, il foudroie l'hérésie, et son éloquence retentit encore jusqu'aux extrêmités du monde chrétien. Veut-il célébrer les traditions touchantes de la vieille Eglise poitevine? c'est à la muse de Fortunat qu'il empruntera ses plus doux et ses plus poétiques accents. Le souvenir de sa chère ville de Chartres, berceau de ses premiers ans, vient-il raviver dans son cœur les émotions d'une jeunesse enchantée ? c'est par l'organe du docte et pieux évêque Fulbert qu'il aimera à exprimer ses tendresses et ses regrets (1). Comme il était sincère, lorsqu'à peine monté sur le siège de saint-Hilaire, il disait en s'adressant au grand docteur : « Partout vous serez notre oracle, notre flambeau, et placé sur votre chandelier nous n'aspirerons à projeter d'autre éclat que les reflets de votre lumière (2). »

Cette lumière, c'est la lumière immaculée de la vérité catholique que se passent de main en main et de siècle en siècles nos docteurs et nos pontifes.

Et quasi cursores vitaï lampada tradunt (3).

On comprend alors pourquoi la noble intelligence dont nous venons de retracer les labeurs et les combats, peu jalouse de se produire elle-même, ait préféré se voiler, s'éclipser derrière la splendeur séculaire du génie, de la vérité catholique, et au lieu de poursuivre une gloire personnelle, s'effacer modestement et se laisser pour ainsi dire absorber par les gloires traditionnelles de l'Eglise.

Jeunes gens, aimez-la cette Eglise aussi passionnément que l'a aimée le grand évêque dont vous venez d'entendre la biographie ; aujourd'hui plus que jamais elle doit compter sur toutes vos affections et sur tous vos dévouements. Quant à vous qui allez bientôt quitter cette maison bénie où s'écoula votre enfance, chers amis, avant de vous quitter moi aussi,

(1) Voir œuvres, passim.
(2) Lettre pastorale à l'occasion de la prise de possession du siége de Poitiers, t. I, p. 113,
(3) Lucrèce, *de Naturâ rerum*.

en vous adressant la même recommandation, la dernière, j'éprouve le double besoin, d'abord de vous remercier de l'affection toute particulière que vous m'avez prodiguée, puis, besoin de cœur aussi, de vous rendre ici le témoignage que, sauf quelques défaillances, votre travail m'a satisfait durant cette année. Un pareil témoignage, celui-là seul est compétent pour le rendre sous les yeux duquel vos travaux sont régulièrement passés, et qui, vous le savez, ne s'est pas contenté de les lire. Aussi vous le rend-il avec bonheur, et il est aussi doux pour son cœur de maître et d'ami qu'il sera, je l'espère, précieux pour le vôtre !

IMPRIMERIE ADRIEN BOUSSIN, RUE GOUVION, 20.

www.ingramcontent.com/pod-product-compliance
Lightning Source LLC
Chambersburg PA
CBHW060522050426
42451CB00009B/1113